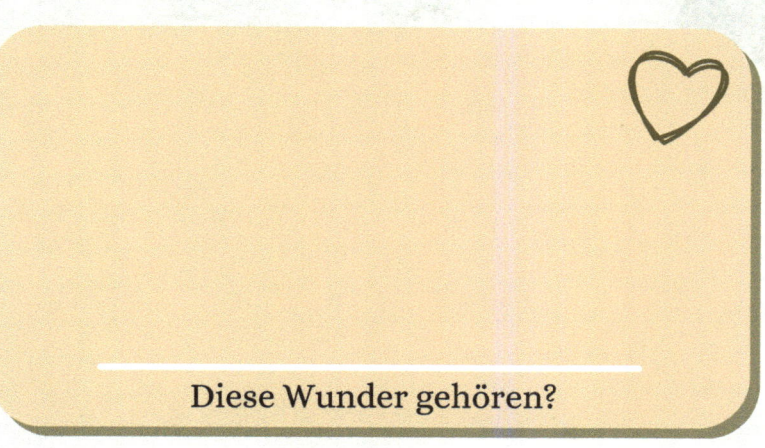

Diese Wunder gehören?

Mein
Wunderfinder
für
jeden Tag

Melina Schatzmann

Bibliografische Information der Deutschen
Nationalbibliothek:
Die Deutsche Nationalbibliothek verzeichnet diese
Publikation in der Deutschen Nationalbibliografie;
detaillierte bibliografische Daten sind im Internet
über dnb.dnb.de abrufbar.

Die automatisierte Analyse des Werkes, um daraus
Informationen insbesondere über Muster, Trends
und Korrelation gemäß §44b UrhG („ Text und Data
Mining) zu gewinnen ist untersagt.

Verlag: BoD · Books on Demand GmbH,
In de Tarpen 42, 22848 Norderstedt,
bod@bod.de

Druck:
Libri Plureos GmbH
Friedensallee 273
22763 Hamburg

ISBN: 978-3-7693-0417-6

Die tägliche Reflektion und das Festhalten positiver Momente kann einen erheblichen Einfluss auf unser Wohlbefinden und unsere Lebensperspektive haben.

Indem wir uns jeden Tag bewusst Zeit nehmen, über unsere Erlebnisse nachzudenken, fördern wir ein tieferes Verständnis für uns selbst und unsere Emotionen.

Dies kann uns helfen, Herausforderungen besser zu bewältigen und unsere persönliche Entwicklung zu fördern. Das bewusste Erkennen und Dokumentieren positiver Momente lenkt unsere Aufmerksamkeit auf die guten Dinge im Leben, was unsere Dankbarkeit steigert und uns optimistischer sein lässt.

Diese tägliche, einfache Routine trägt dazu bei, Stress abzubauen und die Schönheit in den kleinen Dingen (Wunder) im Alltag zu sehen.

„Nimm jetzt einen Stift in die Hand und fang an"

Wen man den
Blick auf das
kleinste lenkt,
ist jeder Tag
wie ein
Geschenk

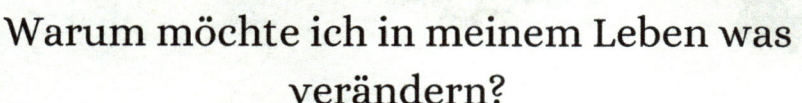

Warum möchte ich in meinem Leben was verändern?

Was würde sich dadurch in Zukunft für mich verbessern?

<u>Kraft tanken</u>
<u>für zwischendurch:</u>

- tief durchatmen
- Wasser trinken
- 3 Lieblingslieder hören
- riechen an einem Lieblingsduft
- an etwas schönes denken
- spazieren gehen in der Natur
- kurz hinlegen und in mich hinein fühlen

———————— ❤ ❤ ————————

Welche Rituale möchte ich für mich in den nächsten drei Monaten in meinen Tagesablauf integrieren um meine Ziele für die Zukunft zu erreichen?

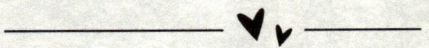

Die Grundlage für alles Glück ist eine gute Gesundheit

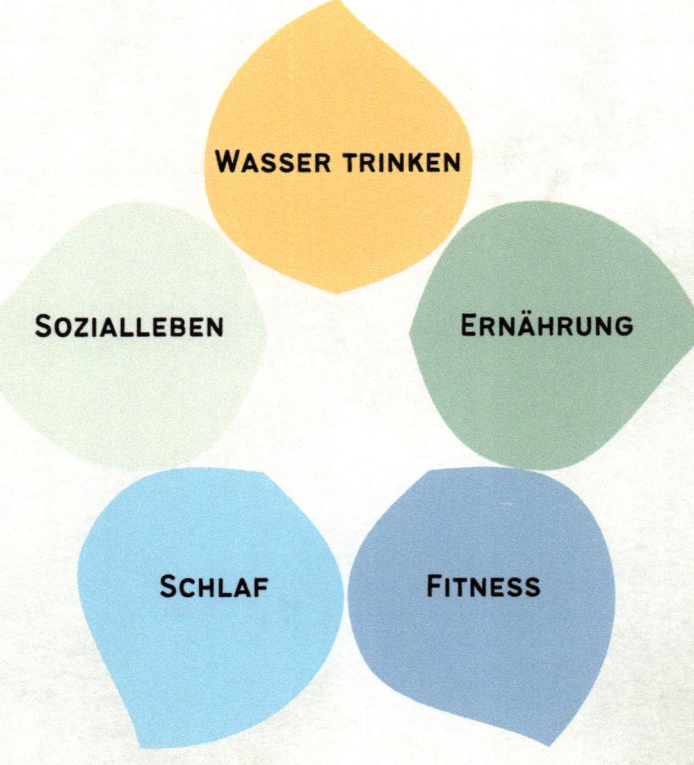

Achte auf deinen Körper, lebe bewusst, halte dich fit und ernähre dich gesund. Dein Körper wird es dir ein Leben lang danken.

WASSER IST DER TREIBSTOFF FÜR UNSEREN KÖRPER

IN KONTAKT BLEIBEN UM HILFE BITTEN

GEMÜSE OBST REGELMÄßIGE MAHLZEITEN WENIG ZUCKER

ZWISCHEN 8-10 STUNDEN KEINE ELEKTRISCHEN GERÄTE VOR DEM SCHLAFEN GEHEN

BEWEGUNG IN DER NATUR SCHRITTZIELE SETZEN

Meine Ziele für die Woche

☐ _____

☐ _____

☐ _____

☐ _____

Was würde ich mir für die Woche wünschen wen ich einen Wunsch frei hätte?

Guten Morgen

Wie habe ich geschlafen?

Wie fühle ich mich heute?

Mein Täglicher Reminder!

„Ich bin der wichtigste Mensch in meinem Leben"

Meine 4 Tagesziele

☐ _____

☐ _____

☐ _____

☐ _____

---✦---

Wie war mein Tag?

Wie fühle ich mich
in diesem Moment?

Was hat mich heute herausgefordert?

Für diese Wunder bin ich heute dankbar:

Meine Gedanken Haltestelle für einen guten Schlaf:

"Selbstfürsorge ist nicht egoistisch. Du kannst nicht aus einer leeren Tasse trinken. Kümmere dich zuerst um dich selbst, damit du auch für andere da sein kannst."

<u>Guten Morgen</u>

Wie habe ich geschlafen?

Wie fühle ich mich heute?

Mein Täglicher Reminder!

„Ich bin wertvoll"

<u>Meine 4 Tagesziele</u>

☐ _____

☐ _____

☐ _____

☐ _____

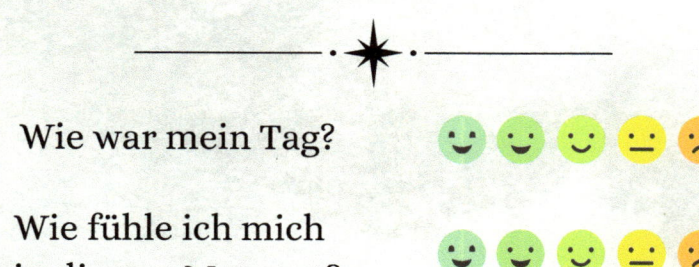

Wie war mein Tag?

Wie fühle ich mich
in diesem Moment?

Was hat mich heute herausgefordert?

Für diese Wunder bin ich heute dankbar:

Meine Gedanken Haltestelle für einen guten Schlaf:

Was würde ich sofort tun wen
ich keine Angst davor hätte?

Guten Morgen

Wie habe ich geschlafen?

Wie fühle ich mich heute?

Mein Täglicher Reminder!

„Ich bin nicht allein"

Meine 4 Tagesziele

☐ _____

☐ _____

☐ _____

☐ _____

Wie war mein Tag?

Wie fühle ich mich
in diesem Moment?

Was hat mich heute herausgefordert?

Für diese Wunder bin ich heute dankbar:

<u>Meine Gedanken Haltestelle für einen guten Schlaf:</u>

„Das Leben ist ein täglicher Balanceakt,
bei dem wir selbst darauf achten
müssen nicht aus dem Gleichgewicht zu
geraten.”

Guten Morgen

Wie habe ich geschlafen?

Wie fühle ich mich heute?

Mein Täglicher Reminder!

„Ich bin gut so wie ich bin"

Meine 4 Tagesziele

☐ _____

☐ _____

☐ _____

☐ _____

Wie war mein Tag?

Wie fühle ich mich
in diesem Moment?

Was hat mich heute herausgefordert?

Für diese Wunder bin ich heute dankbar:

Meine Gedanken Haltestelle für einen guten Schlaf:

"Die einfachen Dinge
sind auch die
außergewöhnlichen
Dinge, und nur die
Weisen können sie
sehen."
Paulo Coelho

Guten Morgen

Wie habe ich geschlafen?

Wie fühle ich mich heute?

Mein Täglicher Reminder!

„Meine Grenzen sind wichtig"

Meine 4 Tagesziele

☐ _____

☐ _____

☐ _____

☐ _____

Wie war mein Tag?

Wie fühle ich mich
in diesem Moment?

Was hat mich heute herausgefordert?

Für diese Wunder bin ich heute dankbar:

Meine Gedanken Haltestelle für einen guten Schlaf:

———— ♥ ————

Selbstwert ist das Licht, das in dir strahlt, auch wenn die Welt manchmal dunkel erscheint. Erkenne deine Einzigartigkeit und feiere deine Stärken, denn du bist mehr als deine Fehler. Jeder Schritt, den du machst, ist ein Schritt zu deinem wahren Ich. Nimm dir die Zeit, dich selbst zu lieben und zu schätzen, denn du bist wertvoll, genau so wie du bist. Lass die Zweifel hinter dir und umarme das Vertrauen in dich selbst – denn du bist der Architekt deines eigenen Lebens.

———— ♥ ————

Guten Morgen

Wie habe ich geschlafen?

Wie fühle ich mich heute?

Mein Täglicher Reminder!

„Ich darf Nein sagen"

Meine 4 Tagesziele

☐ _____

☐ _____

☐ _____

☐ _____

Wie war mein Tag?

Wie fühle ich mich
in diesem Moment?

Was hat mich heute herausgefordert?

Für diese Wunder bin ich heute dankbar:

<u>Meine Gedanken Haltestelle für einen guten Schlaf:</u>

„Kunst gibt nicht das Sichtbare wieder. Kunst macht Sichtbar."

Guten Morgen

Wie habe ich geschlafen?

Wie fühle ich mich heute?

Mein Täglicher Reminder!

„Ich trinke heute 2 Liter Wasser"

Meine 4 Tagesziele

☐ _____

☐ _____

☐ _____

☐ _____

Wie war mein Tag?

Wie fühle ich mich
in diesem Moment?

Was hat mich heute herausgefordert?

Für diese Wunder bin ich heute dankbar:

<u>Meine Gedanken Haltestelle für einen guten Schlaf:</u>

In jedem von uns schlummert eine innere Stärke, die darauf wartet, entdeckt und entfesselt zu werden. Dieses Selbstbewusstsein beginnt mit der Anerkennung deiner eigenen Fähigkeiten und dem Glauben an dein Potenzial. Erinnere dich daran, dass du bereits viele Herausforderungen gemeistert hast und dich mit jedem Schritt weiterentwickelst. Scheue dich nicht davor, deinen eigenen Weg zu gehen und deine Einzigartigkeit zu umarmen. Auch wenn Zweifel aufkommen, nutze sie als Antrieb, um noch entschlossener an deinen Zielen zu arbeiten. Vertraue auf deine Intuition und erinnere dich daran, dass du genug bist, so wie du bist. Jeder kleine Erfolg ist ein Beweis deiner Stärke, also feiere deine Errungenschaften und wachse über dich hinaus.

—— ♥♥ ——

Meine Ziele für die Woche

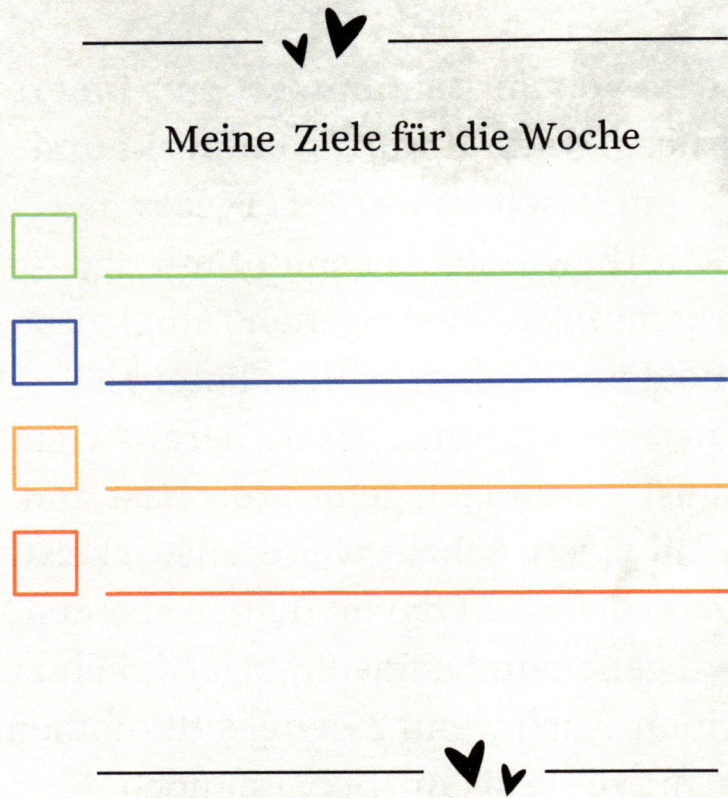

—— ♥♥ ——

Worauf freue ich mich diese Woche am meisten und wovor habe ich am meisten Bedenken?

—— ♥♥ ——

Guten Morgen

Wie habe ich geschlafen?

Wie fühle ich mich heute?

Mein Täglicher Reminder!

„Ich darf Fehler machen"

Meine 4 Tagesziele

☐ _____

☐ _____

☐ _____

☐ _____

Wie war mein Tag?

Wie fühle ich mich
in diesem Moment?

Was hat mich heute herausgefordert?

Für diese Wunder bin ich heute dankbar:

Meine Gedanken Haltestelle für einen guten Schlaf:

"Selbstliebe ist der Beginn einer lebenslangen Romanze."
Oscar Wilde

Guten Morgen

Wie habe ich geschlafen?

Wie fühle ich mich heute?

Mein Täglicher Reminder!

„Ich bewege mich an der frischen Luft"

Meine 4 Tagesziele

☐ _____

☐ _____

☐ _____

☐ _____

Wie war mein Tag?

Wie fühle ich mich
in diesem Moment?

Was hat mich heute herausgefordert?

Für diese Wunder bin ich heute dankbar:

<u>Meine Gedanken Haltestelle für einen guten Schlaf:</u>

"Gesundheit ist nicht alles, aber ohne Gesundheit ist alles nichts."
Arthur Schopenhauer

Guten Morgen

Wie habe ich geschlafen?

Wie fühle ich mich heute?

Mein Täglicher Reminder!

„Ich bin Dankbar für alles was ich habe"

Meine 4 Tagesziele

☐ _____

☐ _____

☐ _____

☐ _____

Wie war mein Tag?

Wie fühle ich mich
in diesem Moment?

Was hat mich heute herausgefordert?

Für diese Wunder bin ich heute dankbar:

Meine Gedanken Haltestelle für einen guten Schlaf:

„Glück kann man auch in
den dunkelsten Zeiten
finden.
Man muss nur daran
denken das Licht
anzuschalten.``

Guten Morgen

Wie habe ich geschlafen?

Wie fühle ich mich heute?

Mein Täglicher Reminder!

„Ich ernähre mich gesund"

Meine 4 Tagesziele

☐ _____

☐ _____

☐ _____

☐ _____

Wie war mein Tag?

Wie fühle ich mich
in diesem Moment?

Was hat mich heute herausgefordert?

Für diese Wunder bin ich heute dankbar:

<u>Meine Gedanken Haltestelle für einen guten Schlaf:</u>

Worüber ärgere ich mich rückblickend, weil ich es nicht getan habe?

———————— ♥ ♥ ————————

Guten Morgen

Wie habe ich geschlafen?

Wie fühle ich mich heute?

Mein Täglicher Reminder!

„Ich werde alle Herausforderungen meistern"

Meine 4 Tagesziele

☐ _____

☐ _____

☐ _____

☐ _____

Wie war mein Tag?

Wie fühle ich mich
in diesem Moment?

Was hat mich heute herausgefordert?

Für diese Wunder bin ich heute dankbar:

Meine Gedanken Haltestelle für einen guten Schlaf:

Guten Morgen

Wie habe ich geschlafen?

Wie fühle ich mich heute?

Mein Täglicher Reminder!

„Meine Gefühle sind wichtig und richtig"

Meine 4 Tagesziele

☐ _____

☐ _____

☐ _____

☐ _____

Wie war mein Tag?

Wie fühle ich mich
in diesem Moment?

Was hat mich heute herausgefordert?

Für diese Wunder bin ich heute dankbar:

<u>Meine Gedanken Haltestelle für einen guten Schlaf:</u>

„Auch aus Steinen,
die Dir
in den Weg
gelegt werden,
kannst du
Schönes bauen."
(Johann Wolfgang von Goethe)

Guten Morgen

Wie habe ich geschlafen?

Wie fühle ich mich heute?

Mein Täglicher Reminder!

„Ich achte auf meinen Körper"

Meine 4 Tagesziele

☐ _____

☐ _____

☐ _____

☐ _____

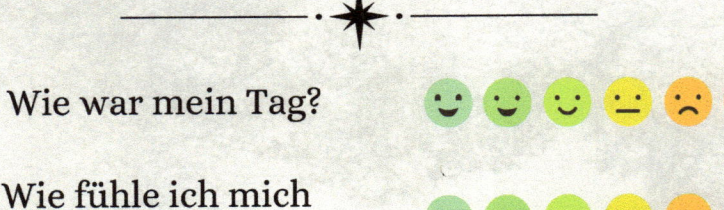

Wie war mein Tag?

Wie fühle ich mich
in diesem Moment?

Was hat mich heute herausgefordert?

Für diese Wunder bin ich heute dankbar:

<u>Meine Gedanken Haltestelle für einen guten Schlaf:</u>

„Es gibt nur zwei Tage in deinem Leben, an denen du nichts ändern kannst: Der eine ist gestern und der andere ist morgen." (Dalai Lama)

Meine Ziele für die Woche

☐ _____

☐ _____

☐ _____

☐ _____

Was würde ich mir für die Woche wünschen wen ich einen Wunsch frei hätte?

Guten Morgen

Wie habe ich geschlafen?

Wie fühle ich mich heute?

Mein Täglicher Reminder!

„Ich bin der wichtigste Mensch in meinem Leben"

Meine 4 Tagesziele

☐ _____

☐ _____

☐ _____

☐ _____

Wie war mein Tag?

Wie fühle ich mich
in diesem Moment?

Was hat mich heute herausgefordert?

Für diese Wunder bin ich heute dankbar:

<u>Meine Gedanken Haltestelle für einen guten Schlaf:</u>

Welche Tätigkeit, Person oder Tier hat mir heute Energie gegeben?

Guten Morgen

Wie habe ich geschlafen?

Wie fühle ich mich heute?

Mein Täglicher Reminder!

„Ich achte auf genügend Schlaf"

Meine 4 Tagesziele

☐ _____

☐ _____

☐ _____

☐ _____

Wie war mein Tag?

Wie fühle ich mich
in diesem Moment?

Was hat mich heute herausgefordert?

Für diese Wunder bin ich heute dankbar:

<u>Meine Gedanken Haltestelle für einen guten Schlaf:</u>

Guten Morgen

Wie habe ich geschlafen?

Wie fühle ich mich heute?

Mein Täglicher Reminder!

„Ich bin stark und selbstbewusst"

Meine 4 Tagesziele

☐ _____

☐ _____

☐ _____

☐ _____

Wie war mein Tag?

Wie fühle ich mich
in diesem Moment?

Was hat mich heute herausgefordert?

Für diese Wunder bin ich heute dankbar:

<u>Meine Gedanken Haltestelle für einen guten Schlaf:</u>

„Wer immer nur in
den Fußstapfen
anderer geht, kann
keine Spuren
hinterlassen."

Guten Morgen

Wie habe ich geschlafen?

Wie fühle ich mich heute?

Mein Täglicher Reminder!

„Ich bin mutig und probiere neues aus"

Meine 4 Tagesziele

☐ _____

☐ _____

☐ _____

☐ _____

Wie war mein Tag?

Wie fühle ich mich
in diesem Moment?

Was hat mich heute herausgefordert?

Für diese Wunder bin ich heute dankbar:

<u>Meine Gedanken Haltestelle für einen guten Schlaf:</u>

„Das Leben ist wie ein Fahrrad: Um das Gleichgewicht zu halten, musst du in Bewegung bleiben." (Albert Einstein)

Guten Morgen

Wie habe ich geschlafen?

Wie fühle ich mich heute?

Mein Täglicher Reminder!

„Ich sage Ja zu mir selbst"

Meine 4 Tagesziele

☐ _____

☐ _____

☐ _____

☐ _____

Wie war mein Tag?

Wie fühle ich mich
in diesem Moment?

Was hat mich heute herausgefordert?

Für diese Wunder bin ich heute dankbar:

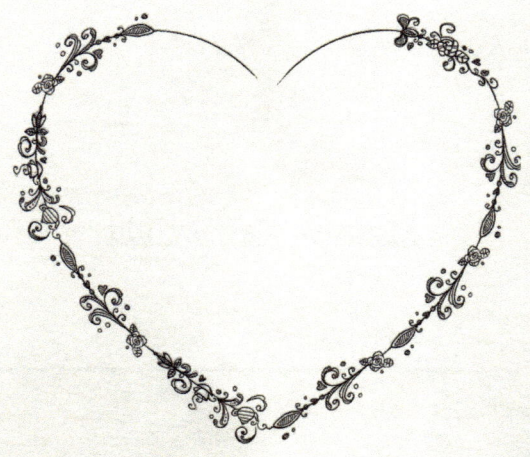

<u>Meine Gedanken Haltestelle für einen guten Schlaf:</u>

70

„Als ich mich selbst genug liebte, begann ich, alles hinter mir zu lassen, was nicht gesund war. Das betraf Menschen, Jobs, meine eigenen Überzeugungen und Gewohnheiten – alles, was mich klein hielt.

Guten Morgen

Wie habe ich geschlafen?

Wie fühle ich mich heute?

Mein Täglicher Reminder!

„Ich erkenne mein Potenzial"

Meine 4 Tagesziele

☐ _____

☐ _____

☐ _____

☐ _____

Wie war mein Tag?

Wie fühle ich mich
in diesem Moment?

Was hat mich heute herausgefordert?

Für diese Wunder bin ich heute dankbar:

<u>Meine Gedanken Haltestelle für einen guten Schlaf:</u>

"Da, wo der Wille groß
ist, können die
Schwierigkeiten nicht
groß sein."
(Niccolò Machiavelli)

Guten Morgen

Wie habe ich geschlafen?

Wie fühle ich mich heute?

Mein Täglicher Reminder!

„Ich entdecke das Leben mit all seinen Wundern"

Meine 4 Tagesziele

☐ _____

☐ _____

☐ _____

☐ _____

Wie war mein Tag?

Wie fühle ich mich
in diesem Moment?

Was hat mich heute herausgefordert?

Für diese Wunder bin ich heute dankbar:

<u>Meine Gedanken Haltestelle für einen guten Schlaf:</u>

„Hab den Mut
unperfekt zu Sein"

—— ♥♥ ——

Meine Ziele für die Woche

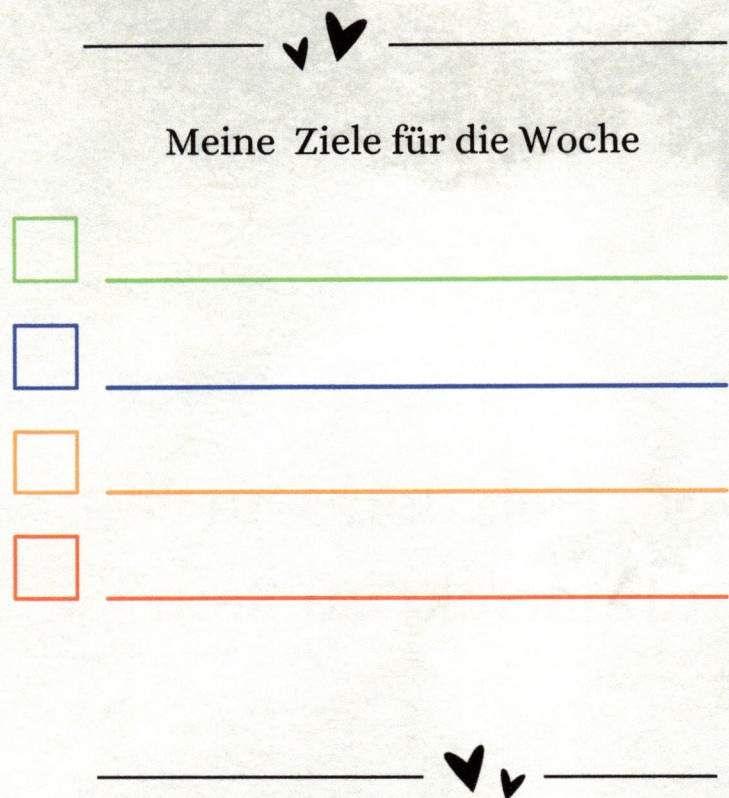

—— ♥♥ ——

Worauf freue ich mich diese Woche am meisten und wovor habe ich am meisten Bedenken?

—— ♥♥ ——

Guten Morgen

Wie habe ich geschlafen?

Wie fühle ich mich heute?

Mein Täglicher Reminder!

„Ich lasse die Vergangenheit los"

Meine 4 Tagesziele

☐ _____

☐ _____

☐ _____

☐ _____

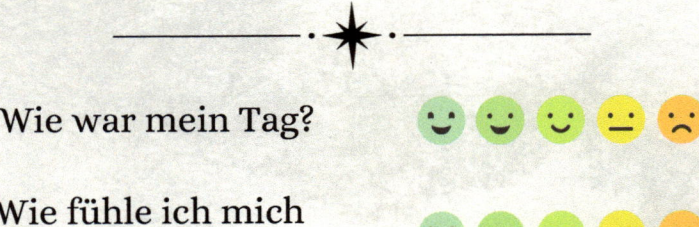

Wie war mein Tag?

Wie fühle ich mich
in diesem Moment?

Was hat mich heute herausgefordert?

Für diese Wunder bin ich heute dankbar:

<u>Meine Gedanken Haltestelle für einen guten Schlaf:</u>

„Man muss dem
Körper etwas
gutes tun das
die Seele Lust
hat darin zu
wohnen"

Guten Morgen

Wie habe ich geschlafen?

Wie fühle ich mich heute?

Mein Täglicher Reminder!

„Ich nehme positive Energien auf"

Meine 4 Tagesziele

☐ _____

☐ _____

☐ _____

☐ _____

Wie war mein Tag?

Wie fühle ich mich
in diesem Moment?

Was hat mich heute herausgefordert?

Für diese Wunder bin ich heute dankbar:

<u>Meine Gedanken Haltestelle für einen guten Schlaf:</u>

" Jeder Tag ist wie ein
kleines Leben.
Wenn Du jeden Tag so lebst,
wie Du leben möchtest,
wirst Du am Ende Deines
Lebens Dein Traumleben
gelebt haben."
Laura Malina Seiler

Guten Morgen

Wie habe ich geschlafen?

Wie fühle ich mich heute?

Mein Täglicher Reminder!

„Ich nehme mir Zeit nur für mich"

Meine 4 Tagesziele

☐ _____

☐ _____

☐ _____

☐ _____

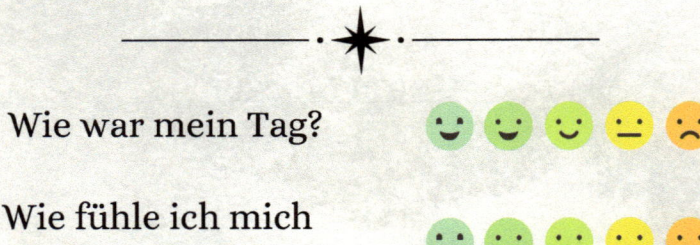

Wie war mein Tag?

Wie fühle ich mich
in diesem Moment?

Was hat mich heute herausgefordert?

Für diese Wunder bin ich heute dankbar:

Meine Gedanken Haltestelle für einen guten Schlaf:

Schreibe 3 Sätze an
dein früheres Ich...

Guten Morgen

Wie habe ich geschlafen?

Wie fühle ich mich heute?

Mein Täglicher Reminder!

„Ich bin geliebt, sicher und beschützt"

Meine 4 Tagesziele

☐ _____

☐ _____

☐ _____

☐ _____

Wie war mein Tag?

Wie fühle ich mich
in diesem Moment?

Was hat mich heute herausgefordert?

Für diese Wunder bin ich heute dankbar:

<u>Meine Gedanken Haltestelle für einen guten Schlaf:</u>

Sei achtsam mit deinen Gedanken, den auf Dauer nimmt deine Seele die Farbe deiner Gedanken an.

Guten Morgen

Wie habe ich geschlafen?

Wie fühle ich mich heute?

Mein Täglicher Reminder!

„Ich bin ein Wunder"

Meine 4 Tagesziele

☐ _____

☐ _____

☐ _____

☐ _____

Wie war mein Tag?

Wie fühle ich mich
in diesem Moment?

Was hat mich heute herausgefordert?

Für diese Wunder bin ich heute dankbar:

Meine Gedanken Haltestelle für einen guten Schlaf:

Entwicklung

Langsamer Fortschritt...

...ist immer noch
ein Fortschritt.

Guten Morgen

Wie habe ich geschlafen?

Wie fühle ich mich heute?

Mein Täglicher Reminder!

„Ich bin außergewöhnlich"

Meine 4 Tagesziele

☐ _____

☐ _____

☐ _____

☐ _____

Wie war mein Tag?

Wie fühle ich mich
in diesem Moment?

Was hat mich heute herausgefordert?

Für diese Wunder bin ich heute dankbar:

<u>Meine Gedanken Haltestelle für einen guten Schlaf:</u>

„Positiv zu denken
bedeutet nicht, dass
man immer glücklich
und zufrieden sein
muss. Es bedeutet, dass
man auch an schweren
Tagen weiß, dass es
wieder bessere Tage
geben wird."

<u>Guten Morgen</u>

Wie habe ich geschlafen?

Wie fühle ich mich heute?

Mein Täglicher Reminder!

„Ich liebe mich"

<u>Meine 4 Tagesziele</u>

☐ _____

☐ _____

☐ _____

☐ _____

Wie war mein Tag?

Wie fühle ich mich
in diesem Moment?

Was hat mich heute herausgefordert?

Für diese Wunder bin ich heute dankbar:

Meine Gedanken Haltestelle für einen guten Schlaf:

Selbstliebe Übungen

Für deinen Körper:
- trinke ausreichend
- ernähre dich gesund
- achte auf genügend schlaf

Für deinen Geist:
- lies ein Buch
- male ein Bild
- mach dein Handy aus

Für deine Seele:
- Mach dir eine Kerze an
- Esse dein Lieblingsessen
- treffe Lieblingsmenschen

Was hat sich durch die tägliche Reflektion in meinem Leben verbessert?